AF221236

Philosophisch –
theologische
Gedanken – und
mehr

© 2021 Christian Steinhoff
Herstellung und Verlag: BoD – Books
on Demand, Norderstedt
ISBN: 9783755700630

Vorwort

Die philosophisch-theologischen Gedanken sollen alle Lesenden zum Nachdenken anregen, denn nicht nur die Rezeption gewisser Texte ist spannend, vor allem die eigenen Gedanken sind entscheidend – und was daraus folgt. Die Hoffnung bleibt, dass Erkenntnisse, die beim Lesen der folgenden Texte gewonnen werden, positiv auf die persönliche Einstellung und die Ausrichtung des eigenen Lebens einwirken und wenn schon nicht das, dann wenigstens in Teilen Gefallen finden. Die Frage, in wie weit diese Texte inhaltlich philosophische oder theologische Ansprüche befriedigen können, lasse ich bewusst offen.

Viele mögen sich ob der Kürze vieler Texte wundern, doch Kürze ermöglicht oftmals leichteres Verständnis, da die

Zeilen öfter gelesen werden können, man die Textstellen besser erinnert. Kurze, pointierte Texte, können und sollen das Verständnis in jedem Fall erleichtern. Ob dies gelingt, muss jeder für sich prüfen.

Schlussendlich ist es offensichtlich, dass der derzeitige Zustand der Welt sicher noch in vielerlei Hinsicht optimiert werden kann. Sollten die folgenden Zeilen dazu auch nur einen kleinen Beitrag leisten, darf das Soll als übererfüllt gelten.

Klick

Der Revolver repetiert, nichts geschieht.

Wieder einmal schaut er auf seine
Waffe.

Er denkt an seinen Sohn, den er
verloren hat,

bei einem Unfall. Plötzlich, unerwartet.

Ein Schmerz, unvorstellbar, nicht
nachzuvollziehen.

Beim Baden ertrank er im See.

Irgendwann müsste der Schmerz enden,
dachte er.

Es will nicht aufhören, er greift zur
Kugel.

Er steckt sie in die Trommel, ein kurzer
Moment Stille.

Kein Geräusch, nicht einmal ein Atmen.

Eine Träne rinnt die Wange herunter.

Diesmal klickt es nicht, es wird nie mehr
klicken.

Dystopie

Man stelle sich vor, Menschen dächten
nur an ihren Geldbeutel. Umwelt, andere
Menschen und Tiere, zukünftige
Generationen, wären in ihren Köpfen
nicht präsent. Stattdessen säßen sie vor
ihrem Smartphone und lachten über
trivialen Schwachsinn, der ihnen die
Einsicht versperrt. Welch' Dystopie!

Freitagnachmittag

Freitagnachmittag, Vorfreude auf das
Wochenende.
Freitagnachmittag, der Feierabend naht.
Freitagnachmittag, nur noch halbe
Arbeitskraft.
Freitagnachmittag, Konzentrations- und
Flüchtigkeitsfehler.
Freitagnachmittag, Gott erschafft den
Menschen.

Alles wie immer

X machte Abitur an einem altsprachlichen Gymnasium, Vater Dirigent, Mutter Professorin an der Universität. X studierte erfolgreich, heiratete, hat nun 2 Kinder. X verdient gutes Geld, X geht jeden Tag um 8 Uhr zur Arbeit, bearbeitet seine Aufgaben, hat Meetings, Workshops und kommt um 17 Uhr heim. Jeder Tag gleicht dem anderen. Doch heute kommt X nicht heim, seine Frau und Kinder warten, doch X kommt nicht. Im Schlafzimmer findet die Frau eine Botschaft. X schrieb: „Ich halte es nicht mehr aus!" Es schellt an der Tür, die Polizei. Sie bestätigt, X wird nie mehr heimkommen. Seltsam, dabei war doch alles wie immer.

Die Bestie Mensch

Geschöpf Gottes,

wie die Tiere,

die Pflanzen,

die gesamte Welt.

Seit jeher Krieg, Mord,

Gier, Niedertracht,

bis zum Ende,

er wird nicht aufhören.

Skrupellos, gedankenlos,

wahnsinnig,

Besessen vom Geld,

er zermartert alles.

Technologisiert die Welt,

zertrümmert Glaube und Moral,

bis er alles auslöscht.

Die Bestie Mensch.

Immer da

Jedermann steht an einem See und blickt leer in die Ferne. Er ist konsterniert, geschockt, frustriert, desillusioniert. Wer konnte ahnen, dass es sich einmal ändern würde? Jedermann lebte wie man so lebt. Ein Haus, natürlich selbst gebaut, eine Frau, selbstredend arbeitend in Vollzeit, schließlich muss das Haus und der gewohnte Lebensstand finanziert werden. 2 Kinder, mittelmäßig begabt, aber natürlich auf dem Gymnasium angemeldet, Nachhilfe in allen Fächern, aber gut fürs Image. Das perfekte Leben. Wie jedermann lebten viele und ihr Leben drehte sich um Dinge, die gut und gerne als trivial bezeichnet werden können. So bemerkten die Jedermänner nicht, was in der Welt vor sich ging. Obdachlosigkeit, Armut, katastrophale

Hygiene, emotionale und psychische Verwahrlosung, all dies und viel mehr war immer ein Teil der Realität für viel mehr Menschen als es die Jedermänner dachten, wenn sie überhaupt daran dachten. Der Kapitalismus hatte die Welt verseucht und einen Ist-Zustand geschaffen, der geprägt durch Medien und Marktwirtschaft allen Jedermännern suggerierte wie das Leben zu sein habe. Nun, wo die Umwelt komplett zerstört war und die Fassade zerbrochen war, die Ressourcen der Welt nur noch einem Teil zugänglich war, brachten Krieg, Egoismus und Überlebenskampf einen neuen Zustand, der das Ende der Welt, wie Jedermann es immer gekannt hatte, bedeutete. Jedermann hatte zuvor alles immer für gegeben angesehen, das System gefiel ihm und er sah keinen Grund etwas zu ändern, denn ihm ging es ja gut. Er war apolitisch und verblieb in seinem Mikrokosmos. Nun gibt es diese Welt nicht mehr und Jedermann muss erkennen, dass alles, was ihm wichtig war, nun nicht mehr ist.

Herr, erbarme dich

Herr erbarme dich meiner,
auf meinem Lebensweg,
egal ob steinig oder problemlos,
dass ich in all meinen Lebenslagen,
sowohl für mich als auch alle anderen
und für deine ganze Schöpfung
die richtigen Entscheidungen treffe,
auf dass ich an meinem Lebensende,
zufrieden zurückschauen kann
und einen Beitrag zur Verbesserung der Welt
geleistet habe.

Evolution

Durch Zufall entstanden,

gar nicht zum Herrschen auserkoren,

als ein reiner Zufall den Weg freimachte

für alle Säugetiere.

Doch was kümmern mich nun andere

Säugetiere?

Seitdem denke ich nur an mich,

kämpfe für mich, nur für mich.

Ich baute Waffen, immer bessere

Waffen,

um die Ziele meiner Gruppe

durchzusetzen.

Unterdrückung, gnadenlose Gewalt als

Zeichen

von Stärke, keine Skrupel oder Moral,

ich räume alles aus dem Weg.

Meine Gier ist längst ein Wahn, Blut in

meinen Augen und Schaum vor meinem

Mund.

Ich technisiere und digitalisiere, nicht
hält mich mehr.
Es gibt viele wie mich, der Welten Ende
ist längst in Sicht.
Doch was soll ich sagen?
Das ist die Evolution.

Schulpolitik

Neben all den Neuerungen,
den tollen Förderangeboten,
die auf dem Papier existieren,
aber an Umsetzung scheitern,
neben all den Problemen,
die Schule heute umtreibt,
welche Regierung wird es wohl
schaffen, dass diejenigen,
die keine Chance im Leben haben,
wohl doch noch eine bekommen?

Krieg

Vor dem Krieg,

Jubel, Abenteuer, Gier, Gleichgültigkeit.

Wir gegen die anderen, das alte Spiel

der Menschheit,

sie spielt es seit jeher gern.

Im Krieg,

Funktionieren, Töten, bittere

Erkenntnisse,

emotionale Kälte – Tod.

Nach dem Krieg,

Leid, Elend, Tod, Seuchen, Hass, jeder

hat verloren.

Jahre vergehen, alles ist vergessen,

der nächste Krieg wartet.

Wann hört es auf?

An wie vielen Stellen auf der Welt geht

man bloß über Stellen, unter denen

Gebeine von Menschen sind, die völlig

nutzlos gestorben sind?

Gott

Da oder nicht?

Oft gelobt, gehuldigt und verflucht.

Ansporn zu guten Taten, Ansporn zum Terror.

Schöpfer der Welt oder ein Nichts?

Mensch, Technik, Geld statt göttlicher Allmacht.

Die Folgen sind Hass, Gier, Abstinenz von Moral,

Gleichgültigkeit, Egoismus.

Dann der liebe Gott, gesucht im Vertrauen, hoffend,

dass doch alles, das gesamte Dasein hienieden,

einen Sinn habe.

Digitalisierung

Höre ich den Begriff Digitalisierung,

denke ich oft, dass Menschlichkeit wichtiger wäre.

Die Antwort des Pfarrers

Als ich Kind war, gab es bei uns jedes Jahr ein Dorffest. Auf einem dieser Feste stand unser Pfarrer auf dem Bierwagen und half dabei die Leute zu bedienen. Zu später Stunde kam Elmar, ein Gemeindemitglied, betrunken an den Stand und sprach unseren Pfarrer an: „Hey Pfarrer, im Ernst - sie können doch heutzutage nicht mehr an einen Gott glauben." Der Pfarrer hielt kurz inne und erwiderte: „Wissen Sie, Elmar. Vielleicht sollte ich ihrem Rat folgen, denn die Erfahrung zeigt doch, dass die Abkehr von Gott und die Hinwendung zu Kapitalismus, Digitalisierung und blinder Glaube in die Technik die Welt zu einem besseren Ort gemacht haben." Ich dachte lange über des Pfarrers Antwort nach, heute verstehe ich, was er damit meinte.

Familie

Mein Ehemann hatte nie Lust meine
Eltern zu besuchen oder zum Besuch
einzuladen, 30 Jahre lebten wir nicht
weit entfernt und beschränkten uns doch
aufs Nötigste an Kontakt. Jetzt sind sie
tot und ich kann sie nur noch am Grab
besuchen. Sie fehlen mir.

Denk nach

Weißt du eigentlich, dass das Bild,
welches du von der Welt hast, nur eine
Fassade ist, die die Gesellschaft und
deine Kultur für dich errichtet hat? Auf
der Welt ist alles halb so schlimm? Nein,
es ist sogar noch schlimmer! Du solltest
nicht alles hinnehmen, auch, wenn es
entspannt ist, andere für einen denken
zu lassen. Das System und der Staat
sind und waren nie unfehlbar,

Kontroversen müssen immer möglich sein. Es geht immer anders und vor allem besser. Deine Gedanken sind frei, also denk nach. Natürlich könnte es so weitergehen, könnte man alles so laufen lassen, aber dann käme das Ende der Menschheit und / oder der Welt nur eben noch schneller. Ignoranz ist nicht neutral, sondern beschleunigt die Abwärtsspirale. Ist es erst einmal so weit, kann auch kein Geld, kein Luxus mehr helfen. Wozu braucht man eigentlich Waffen, wollen nicht alle Menschen Frieden? Denken Menschen nicht zu oft an sich selbst und die eigenen (trivialen) Belange? Sollten wir nicht das Ziel haben, dass es der gesamten Menschheit gut geht? Denk nach, jeder kann die Welt etwas verändern, die Welt besser machen und – sie hat es dringend nötig.

Ein schönes Leben

Die Welt geht unter? Ich gehe lieber
Feiern, obwohl ich eigentlich gar nichts
zum Feiern habe, eigentlich will ich nur
saufen. Klimakatastrophe? Wieso, dann
wird es doch schön warm. Ich will
billigen Kaffee und Tropenholz für mein
Mobiliar, scheiß auf den Regenwald, es
gibt da bestimmt bald irgendwelche
Alternativen, oder sie werden eben
erfunden. Ich habe auch keine Angst vor
irgendwelchen Krankheiten, irgendeine
Medizin wird mich schon kurieren.
Kernkraft? Mega, ich mag Mutanten!
Was kümmert mich morgen, ich mache
weiter Party. Gläserner Mensch? Ich
poste, was ich will und stelle auch ins
Netz, was ich will - machen die
Influencer doch auch – und die haben
fame. Wenn ich mal Falten habe, haue
ich mir Botox ins Gesicht, wenn ich vom

vielen übermäßigen Fressen zu fett werde, dann lasse ich mir das absaugen. Warnung vor dem Kollaps der Welt? Naja, bald geht's doch eh zum Mars, oder irgendwohin, oder?! Übervölkerung und Ölpest? Die Medien lügen doch eh, ich zocke lieber am PC, das stresst weniger. Was habe ich doch ein schönes Leben.

Am Ende ist auch das Geld am Ende

Kluge Köpfe aus der Politik erzählen, dass Sozialismus, Umweltschutz, Bildungsgerechtigkeit, bezahlt werden müssten.
Denken diese Menschen auch daran, dass dann, wenn die Welt zerbombt oder verseucht ist, das Geld genauso verrottet wie die Überreste der Menschheit?

Was willst du, was soll bleiben?

Möchtest du, dass die Menschen nach deinem Tode von dir sagen, dass du ein schönes Haus hattest, dass du gut in deinem Job warst, für deinen Arbeitgeber viel Gewinn erzielt hast, deinen Kindern viel bieten konntest? Oder willst du, dass man von dir sagt, dass du ein toller Mensch warst, der gerecht war, sich für andere eingesetzt hat und immer darum bemüht war, die Welt ein bisschen besser zu machen?

Sonnenaufgang am Meer

Am Meer sitzend, sehend, dass die Sonne durch die dichten Wolken bricht, die Natur und die Umwelt genießend, erkennend, dass das Leben doch so einfach sein könnte.

Gekränkte Eitelkeit

Mein Freund und ich waren über Jahre eng befreundet. Wir waren unzertrennlich, haben uns blendend verstanden – bis er mich einige Male enttäuscht hat. Anstelle es zu benennen und anzusprechen, reduzierte ich den Kontakt, brach ihn letztlich komplett ab. Keiner von uns war fortan bereit, den ersten Schritt zu tun, um unseren Streit beizulegen. Dies ging nahezu 4 Jahre so, heute las ich seine Todesanzeige. Ich bereue meinen Starrsinn, doch die Zeit lässt sich nicht zurückholen, manche Fehler verzeiht das Leben nie und ich werde damit bis an mein Lebensende klarkommen müssen.

Feldpost

Gesendet im euphorischen Siegesrausch, angekommen im Elend.

Der Grund Christ zu sein

Viele Menschen fragen, welchen Grund es Anno 2021 noch gäbe, Christ zu sein. Eine mögliche Antwort kann eine Passage des Liedes „Nun singet und seid froh" liefern. Dort heißt es wie folgt:

Groß ist des Vaters Huld:
Der Sohn tilgt uns unsere Schuld;
Wir warn all verdorben.
Durch Sünd und Eitelkeit
So hat er uns erworben
Die Ewig Himmelsfreud [...]

Man bedenke die Intensität dieser Aussagen. Des Vaters Huld, heute würde man eher Rückhalt, Zuwendung meinen, in gewisser Weise auch Hilfe. Sprich, Gott Vater ist per Se für uns Menschen da. Doch es geht noch weiter. Der Sohn, Jesus Christus, trägt unsere Schuld. Hier werden viele Menschen intervenieren. Unsere kollektive Schuld, die der Mensch sich aufgeladen hat, wird in den folgenden beiden Zeilen noch konkretisiert. Der Mensch war und ist verdorben, durch Sünde und Eitelkeit. Sünde verstehe ich als den Teil des Menschen, der Niedertracht, Neid, Gier, Ablehnung, Ignoranz und alle Eigenschaften, die der Mensch immer wieder in der Welt offenbart. Diesen Teil hat jeder Mensch und niemand kann sich davon frei machen. Wer ohne Sünde ist, der werfe den ersten Stein. Dieser Logik folgend dürften nie mehr Steine fliegen. Dass es ebenfalls gute Entwicklungen gibt, auch gute Aspekte des Menschen, der hilft, tröstet, forscht, steht außer Frage – doch niemand kann sich davon frei machen, dass sein Innerstes immer diesen Widerstreit vollzieht. Diese Sünde hat Jesus Christus getilgt, indem er sich gab, um der Menschheit den Weg in die Seligkeit zu ebnen. Tiefe Reue und Einsicht sind dafür neben dem Glauben wichtige Momente, ohne die es nicht geht. Christus selbst, der sich an diejenigen wandte, die es dringend brauchten, der „Metanoia" forderte, also die völlige geistige Neuausrichtung, hebt als ein Teil der Göttlichkeit den frevelnden Menschen empor.

Man muss sich vorstellen, dass Gott, eine höhere Entität, die in Liebe mit ihrer Schöpfung in Beziehung steht, für diese da ist und ihr, trotz aller schlechten Eigenschaften, die Möglichkeit gibt, zum Heil zu gelangen. Einerseits bietet das Christentum eine tiefe Verbindung zu seinem Schöpfer, aber vor allem die Gleichheit aller Menschen und einen ethischen Leitfaden, der sehr lobenswerte Moralvorstellungen postuliert. Gott nimmt jeden Menschen an, gibt jedem die Chance zum Heil zu gelangen, lässt seine Schöpfung nicht im Stich und hat sie mit der Fähigkeit versehen, aus seiner Welt eine eigene, hoffentlich gute, zu machen.

Diese Form der Zuwendung ist so einzigartig, dass es für jeden Christen ein Geschenk ist, diese zu haben. Hinter all dem steht die große Hoffnung des Menschen und der wahre Grund, Christ zu sein – der tiefe Wunsch, dass die Welt mit all ihren Schönen und Grausamen doch nicht einfach eine Laune der Natur ist, dass mehr dahintersteckt, dass ein gutes Leben doch mehr birgt als ein frevelhaftes.

Gedankenexperiment

Stelle dir vor, dass du in einer kleinen Räumlichkeit eingesperrt bist. Du kannst bequem sitzen, liegen, hast an Essen und Trinken alles, was du willst. Medizinisch bist du abgesichert, Annehmlichkeiten wie Duschen, Toilettengang und so weiter sind selbstverständlich. Du hast einen PC mit Internetzugang, der immer einen vollen Akku hat. Wenn du dieses Leben für den Rest deines Lebens anstatt deines normalen wählst, erhält deine Familie 2 Millionen Euro. Würdest du es tun?

Kinderlachen

Haben Sie bereits einmal kleine Kinder fröhlich spielen und lachen sehen. Wie wollen Sie, dass die Welt für sie hinterlassen wird?

Die Befreiung des Menschen

Am Anfang schuf Gott den Himmel und
die Erde. Aber der Mensch, er war klug,
klüger als ein Gott, so dachte er bei
sich: „Nun trete ich an Gottes Stelle, ich
befreie mich!" Und es begann.

Am ersten Tag war der Mensch frei vom
ihm knechtenden Gott, er brauchte
niemandes Ebenbild zu sein, denn er
war es, der die Geschicke der Welt
bestimmte. Der Mensch freute sich, er
hatte Einlagen und der Wohlstand stieg,
zumindest bei einigen. Was mit den
anderen Menschen war, kümmerte ihn
nicht.

Am zweiten Tag schaute er auf sein
Konto, es wuchs und gedieh, er war
zufrieden und tat alles dafür, dass dies
auch weiter so bliebe. Er kaufte ein

Haus, bekam mit seiner Frau ein bis zwei Kinder, er verzog sich in seine eigene kleine Scheinwelt.

Am dritten Tag lugte er erstmals aus seiner Scheinwelt hinaus, er sah Dinge in der Welt, die ihn irritierten. Atomunfälle, verdreckte Meere, Nationalismus, Armut. Doch als er auf sein Konto blickte, war er erleichtert, denn das Geld kam weiterhin.

Am vierten Tag wurden die Geräusche lauter, der Mensch störte sich an Migranten und Fliehenden, die aus lebensunwürdigen Bedingungen kamen, denn er fürchtete, dass sein Konto weniger wachsen könnte, obgleich es bereits jetzt prall gefüllt war.

Am fünften Tag begann der Mensch Angst zu bekommen, denn das, was er einst als Schöpfung kannte, war zerstört, unwiederbringlich. Er verstand es nicht, denn er sah sich immer noch als das größte Wunder der Schöpfung an, doch er war es nicht.

Am sechsten Tag begann der Krieg um die letzten Ressourcen. Das Konto, das Haus, die Frau, die Kinder gab es bald nicht mehr. Sie wurden zerstört und zerfetzt vom weltweiten Bombenhagel. Es herrschte Chaos auf der Welt, bis der Mensch sich letztendlich ausgerottet hatte.

Am siebten Tag war die Erde wüst und leer von Menschen. Aus der Hölle dröhnte Jubelgeschrei und es herrschte großes Erstaunen über diese

Menschen, die es geschafft hatten, was kein Teufel je zu schaffen im Stande gewesen wäre.

Oben aber im Himmel, weinte Gott über die Menschen, die sich aus seiner Knechtschaft befreit hatten.

Der Wunsch nach Revolution

Jeder Mensch, der ein gewisses Maß an Reflektion und Empathie innehat, erkennt, dass die Welt, so wie sie ist, verändert werden muss – zum Besseren. Der Wunsch nach Revolution lodert, doch der Wunsch, dass alles so bleibt wie es ist, wird immer stärker wiegen.

Nationalismus

Mein Land, wir haben unfassbar viele tolle Dinge erfunden, natürlich, wer auch sonst? Tugendhaftigkeit ist unser Ding, auch sportlich sind wir extrem erfolgreich. Freundlichkeit und Toleranz pflegen wir natürlich auch mehr als alle anderen Völker. Denn das ist unser Land, und all diese Dinge gibt es nur hier bei uns, hier, wo wir geboren sind und wo wir sterben werden, wo sollten wir auch anders hin, nirgends ist es so toll! Unser großer Gott hat ein besonderes Augenmerk auf unsere Nation, ach ja, tierlieb sind wir auch noch. Und wenn uns jemand dumm kommt, dann ist das kein Spaß, denn wir werden alle vernichten, die uns bedrohen. Unser Land ist nämlich das beste der Welt!

Politiktreibende

Sie sehen seriös und gepflegt aus,

dazu verstehen sie es, sich

anzubiedern.

Rhetorisch geschickt,

sie sind nahezu heldenhaft!

Weichen keiner Kamera aus,

wissen immer, was sie sagen sollen,

wenngleich es oft auch leere Worthülsen

sind.

Unser Geld betreuen sie gewissenhaft,

sie treffen immer die richtigen

Entscheidungen für uns,

treffen oftmals stellvertretend harte

Entscheidungen,

leiden dann wirklich sehr darunter,

nahezu christusartig.

Sie leuchten für uns als Vorbilder am

Himmel.

Treffen immer und zu jedem Zeitpunkt
die richtigen Entscheidungen, Gott sei
Dank!
Denn wir sind bei weitem nicht so
intelligent,
deshalb sind wir froh, dass wir sie
haben.
Zwar verstehen wir oft ihre
Entscheidungen nicht,
doch das ist unser Unvermögen, sie
machen das gut!
Wenn sie die Welt an die Wand
gefahren haben und alles den Bach
runter geh, nur noch beten hilft, dann
sollten wir ihnen und ihrer
Errungenschaften dennoch huldigen!

Der Mensch

Guten Tag, ich bin der Mensch. Bald
werde alles zerstört haben.

Gespräch unter Freunden

Grüß dich, lange ist's her. Weißt du, nach so langer Zeit habe ich dich erst gar nicht erkannt, leicht verwildert, doch das kann man ja ändern. Immer wieder denke ich an unsere Zeit, unsere Jugend, all die tollen Erlebnisse – schön war's. Es ist verblüffend, zwar sehen wir uns von Zeit zu Zeit, doch immer, wenn ich wiederkomme, hast du neue Nachbarn, die ich aus unserer gemeinsamen Jugendzeit kenne. Was soll ich dir groß erzählen? Die Welt dreht sich weiter und das ganze Übel, dass du bereits kennengelernt hast, ist immer noch da, vielleicht sogar schlimmer. Du bist zwar nicht mehr hier, aber dennoch hast du überhaupt gar nichts verpasst. Vielmehr kannst du dich glücklich schätzen, dass du diesen Irrsinn hinter dir gelassen hast. So, mein

Freund, langsam wird es kalt und
windig, ein Unwetter zieht auf. Ich
mache mich auf den Weg und berichte
dir wieder beim nächsten Mal –
hoffentlich von besseren Zeiten.

Der Sinn des Lebens

Viele such ihn,
den Sinn des Lebens.
Doch was ist der Sinn?
Kinder? Haus und Hof? Luxus?
Die Welt hat keinen Sinn!
Wir müssen der Welt einen Sinn geben.
Den Ist-Zustand zu verbessern,
für alle Menschen,
heute und in der Zukunft,
durch Wort und Tat.
Eine lebenswertere,
gerechtere Welt zu hinterlassen.
Das ist der Sinn des Lebens.

Glück

Am Ende eines jeden Lebens,

schaut jeder Mensch,

egal wie glücklich sein Leben war,

oder für wie glücklich er es gehalten hat,

auf sein Leben zurück.

Er findet, schaut er ehrlich und ernsthaft,

findet er etwas, und sei es nur ein

Moment,

den er anders machen würde.

Geile Party

Was war das eine geile Party. Jetzt

fahre ich nach Hause, so viel habe ich

gar nicht getrunken. Musik laut

aufdrehen, Fenster runter, Linkskurve,

Rechtskurve – tot.

Träume

Wenn man jung ist, dann erscheint
einem das Leben oft so leicht, die
Zukunft hell und vielversprechend – ein
Abenteuer. Alles scheint möglich zu
sein, für jeden einzelnen. Ist man
schließlich erwachsen, hat sich all das
verändert. Die Nachbarschaft, die
Häuser, die Leben. Träume platzten, bei
allen.

Wie kann das Leben bloß so viele
Träume zerschmettern? Viele haben
gute Aussichten in ihren jungen Jahren,
doch nicht mangelnde Zeit oder Intellekt
ließen diese Aussichten verblassen, es
war das Unvermögen, die Zeit und die
Chancen konsequent zu nutzen. Jetzt ist
es zu spät und man weint den
vergebenen Chancen nach, ist gefangen
in der grausamen Frage: „Was wäre
gewesen, wenn?"

Doch letztlich ist auch das egal, denn
das Leben hat die Träume pulverisiert -
oder wir selbst?

Smartphone

Smartphone ist mein ganzes Leben,
Smartphone ist das, was ich mag.
Smartphone ist mein ganzes Leben,
Smartphone nur den ganzen Tag.
Ich verstehe nichts von der Welt,
wozu auch?Schule? Mir egal!
Solange ich mein Smartphone habe.
Videos auf YouTube, das ist Leben!
Insta-Stories, mega geil! TikTok, Twitch
und der Rest noch, machen meine Welt
schön heil. Ich bin blöd, werd immer
dümmer. Egal, solange mir mein
Smartphone bleibt. Wäre ich klug, dann
wär es schlimmer, denn dann sähe ich
mein Leid.

Was wirklich bleibt

Was wirklich bleibt, das ist nicht das
große Haus, der schnelle Sportwagen,
die falschen Freunde oder der berufliche
Erfolg, sondern einzig und allein die
Frage, ob man ein anständiger Mensch
war, der die Welt ein wenig besser
gemacht hat.

Tiere und Menschen

Menschen sind keine Tiere und Tiere
keine Menschen.
Woher ich das weiß?
Haben Sie bereits einmal ein Tier
gesehen, dass aus Spaß andere quält?
Ein Tier, welches Kriege führt und dabei
viel Energie darauf verwendet noch
grausamere Waffen herzustellen?
Oder setzen sich Tiere unter Druck bis
zum Suizid? Nein! Denn die Natur hatte
einen Plan, ausgelegt auf eine gesunde

Ökologie. Der Mensch verfällt oft in seine Urinstinkte, gepaart mit niederem Intellekt und seinen schlechten Angewohnheiten wie Egoismus, Niedertracht, Verschlagenheit, welches sich zu Grausamkeiten potenziert. Man erkennt weder Plan noch Sinn, im Gegensatz zur Natur sinnlos und eine Geißel für die Welt, die ohne ihn besser dran wäre.

Kinder

Schaut man einem Kind in die Augen, dann weiß man, dass es die verdammte Pflicht eines jeden Menschen ist, diesen jungen Menschen, die sich auf die Großen verlassen müssen, die bestmöglichen Weichen zu stellen, und zwar allen Kindern!

Reichtum ist nichts

Jeder braucht Geld zum Leben, klar,
doch viele Leben nur für die Kohle, ihre
Gier scheint unstillbar. Diese Gier findet
sich in allen Schichten aber
bezeichnenderweise vor allem bei
denen, die ohnehin bereits sehr viel
haben. Jeder Mensch hat seinen Weg
zu gehen und muss wählen, doch der
Reichtum anderer blendet sie, sie jagen
dem Mammon hinterher im Glauben,
dass dieser sie beglückt. Sie verraten
sich und ihre Prinzipien und ordnen sehr
viel dieser Jagd unter, Zeit mit der
eigenen Familie, Lebensqualität. Der
Drang nach Geld ist der Urgrund des
Übels, die Implikation, dass luxuriöse
Gegenstände einen Menschen in
irgendeiner Weise definieren können,
treibt viele unaufhörlich voran. Hat man
es jedoch geschafft, so sieht man dich

als den großen Gewinner, wenngleich das Innerste oft verraten ist, man ist nicht man selbst, man hat Ideale und Skrupel über Bord geworfen. Alles für eine Konvention, einen dreckigen Fetzen Papier, gammelige Eisenstücke, auf die man sich einst einigte, dass sie etwas wert sein sollten. Wahrer Reichtum wäre die Demut, seinen Lebensstandard in einem Maße so zu zügeln, dass andere Menschen ebenfalls gut Leben könnten. Dann wäre Reichtum alles und nicht mehr nichts.

Werbung

Kaufen Sie das Zeug, verdammt
nochmal!

Jetzt kaufen Sie endlich.

Sehen Sie denn nicht, wie toll dieses
Produkt ist?

Ich dreh' durch, kaufen Sie doch jetzt!

Ohne diesen Kauf sind Sie ein Nichts,
Dreck, wertlos.

Wollen Sie sich zum Gespött machen,
oder lieber der große Held?

Der Held? Dann habe ich die Lösung für
Sie: KAUFEN!

Immer kaufen, alles kaufen, machen sie
sich auf den Weg, ehe ein anderer ihnen
etwas wegschnappt.

Also, sofort kaufen!

Menschsein

Ich bin besonders, denn ich bin ein
Mann und trage Schminke und
Nagellack.

Ich bin besonders, denn ich habe
ausländische Wurzeln.

Ich bin besonders, denn mein Glaube ist
speziell.

Wir sind besonders, denn wir leben
LBGTQ.

Nein, niemand von euch ist deswegen
besonders, denn besonders seid ihr,
weil ihr Menschen seid.

Sehnsucht

Lange ist es her,

die Sehnsucht aber ist groß, sehr groß.

Jemand, der führt, lenkt, leitet.

Ein großer Mann, den man verehren,

vergöttern kann,

der das Volk zu absoluter Macht führt.

Sie alle wollen schreien, brüllen, mit

hochrotem Kopf und völlig ekstatisch.

Doch innerlich, in ihren Gedanken,

da tun sie es bereits jetzt, teils bewusst,

teils unbewusst.

Es dröhnt in ihrem Schädel: „Er lebe

hoch, wo ist unser Führer? Er lebe hoch,

denn wir brauchen ein Idol!"

Doch noch müssen sie warten, bis sie

mit aufgerissenen

Augen, dem Wahn nahe, als Teil einer

amorphen Masse

Ihrem Wunsch frönen können.

Bis dahin warten sie mit Sehnsucht,
aber eines ist gewiss, irgendwann wir es
soweit sein.

Politisch korrekt

Ich brülle vor Freude, wenn jemand die
AFD angreift. Keine Kontroversen?
Ich schreie vor Freude, wenn jemand
Homosexualität lobt? Und
Heterosexuelle?
Neue Methoden in der Kirche finde ich
zum Kreischen gut. Gibt es keine guten
klassischen Geistlichen?
Hauptsache klatschen, so laut, dass
jedwede Form der Auseinandersetzung
übertönt wird.

Könnte ich dich nur noch einmal sehen

Ich vermisse dich so sehr, könnte ich dich doch noch einmal im Himmel wiedersehen. Würdest du mich erkennen, oder ich dich? Könnte mir das wirklich helfen? Gibt es diesen Himmel überhaupt? Ich weiß es nicht, aber die Vorstellung hilft mir, wenigstens ein wenig.

Realität

Meine Realität, das ist:

Supermärkte mit 120 Sorten Wurst, 200 Sorten Käse, Überfluss, lediglich die Sorge, dass das beste Angebot verpasst werden könnte. Streamingdienste, die mir aufbürden das beste Programm für mich auszuwählen. Onlinegames, wo ich meine Stats und Erfolge ständig verbessern muss. Das neueste IPhone, dass mich wiederum geißelt, von mir mit Videos und Bildern eine konstruierte Realität zu erstellen, die alle anderen erblassen lässt.

Das ist meine Realität.

Doch es gibt auch diese:

Tod, Hunger, Terror, Folter, Krepieren, Verrotten. Das ist auch Realität, zum Glück nicht meine und so lange ich meine habe, blende ich die andere aus.

Wo ist der Mensch?

Vor kurzem ging ich durch die Stadt und suchte das, was man so als Mensch versteht. Leider fand ich nichts, schade!

Menschlichkeit

P. ist eine Person, die gemeinhin als hässlich bezeichnet wird, weil sie den gesellschaftlichen Standards nicht entspricht. Er wurde in seinem Leben oft gehänselt, gequält, weil andere sich über ihn erhoben, unbewusst in blanker Panik, selbst betroffen zu sein. Doch P. war immer aufrecht und gütig und somit menschlicher als all jene, die ihn traktierten.

Wandern

Ich wandere, denn ich ertrage die Geistlosigkeit der Menschen nicht. Überall, wo ich hinkomme, treffe ich auf geistlose Menschen, dann wandere ich weiter, immer weiter, doch mein Ziel, das finde ich nie.

Szeneviertel

Unser Viertel ist multikulturell,

unser Viertel ist freigeistig.

Unser Viertel lebt eine tolerante Kultur,

unser Viertel ist besser als alle anderen.

Die Spießer und Bonzen kommen

besser nicht

In unser Viertel!

Hier möchte ich niemals weg,

denn nur hier kann ich glücklich sein.

Die Armut, Kriminalität, der

Alkoholismus, die Ablehnung von allem,

was nicht in unser Viertel passt,

unterschlage ich lieber.

Unser Viertel ist super.

Gottes Liebe ist nichts für mich

Groß ist des Vaters Huld,

der Sohn trägt unsere Schuld,

wir warn all verdorben,

durch Sünd' und Eitelkeit,

da hat er uns erworben,

die ewge Himmsfreud.

Eine übergeordnete Entität, die den
Menschen, der zweifelsohne mit Fehlen
behaftet ist, bedingungslos annimmt,
aus reiner Liebe? Die sich in Form ihres
Sohnes geißeln und ermorden lässt, auf
bestialische Weise, nur, um ein Art zu
erlösen, die doch so viele Fehler hat?
Nein, Gottes Liebe ist nichts für mich.

Das Leben

Menschen in Not, die auf dem Meer ersaufen, Krieg, Krankheit, Helfende, die sich aufopfern, die Natur, Tiere, Geburt eines Kindes, Tod eines Kindes. Das Leben ist ein ständiger Widerstreit der Pole grausam und wunderbar.

Erziehung

Gott schuf den Menschen unvollkommen und liebte ihn gerade deswegen, denn er wollte ihm die Chance zur Entwicklung geben. Doch ausgerechnet die Teile der Menschheit, die sich als zivilisiert und kultiviert bezeichnen, sie haben mit ihm gebrochen.

Aus ihrer Sicht ist ihre Entwicklung beendet, es bedarf keines Gegenübers, vor allem keines Gottes.

Wozu auch? Tschernobyl, Hiroshima, Ölkatrophen im Meer, das Auslöschen indigener Kulturen, Auschwitz – Birkenau.

Wer braucht schon Gott, der die Erziehung beaufsichtigt, der Mensch hat seinen Erziehungsauftrag selbst übernommen, sich von seinem Schöpfer befreit, die Herrschaft über die Schöpfung übernommen. Eine gute Entscheidung?

Gerechtigkeit ist Ansichtssache?

Ich sah einen Mann, der band einen Hund an einem Baum fest und schlug ihn tot. Ich nahm ein Radkreuz und schlug ihm seinen Schädel ein. Zwei Männer, die eine Frau beraubten und dabei ihren Kinderwagen mit einem Säugling umwarfen habe ich mit einem

Kopfschuss hingerichtet. Eine Person,
die mehrfach Kinder missbraucht hatte,
erstach ich. Ich bin ein Mörder, das weiß
ich. Ich übernehme die volle
Verantwortung, doch trug ich durch
meine Taten nicht auch zur
Gerechtigkeit bei? Ansichtssache?

Die Folgen des Geldes

Atommüll, ausgerottete Arten,
Plastikinseln im Meer, Plastik in
Meerestieren, Rodung von
Regenwäldern, Ölteppiche, Pandemien,
Tod, Ende.

Die 2 Seiten eines Suizids

Seite 1:

Mir geht es schlecht, ich kann nicht mehr. Alles ist dunkel, ich will nicht mehr. Lange ist der Plan gereift, heute tue ich es. Da ist die Waffe, das wars!

Seite 2:

Was ist bloß mit ihm los? Ich mache mir Sorgen. Nicht viel, doch er hat sich verändert. Ich will ihm helfen. Hoffentlich tut er sich nichts an.

Was bleibt? Nur die bittere Frage „Warum?!"

Echter Krieg

Peter war in seiner Jugend ein begeisterter Spieler von Kriegsspielen am PC und der Konsole. Nun ist er Soldat geworden. Heute war sein erster echter Einsatz. Sie fuhren mit einer Art Jeep durch die fremde Stadt. Hier sollten sie nach einer grausamen theokratischen Diktatur Aufbauhilfe leisten. Plötzlich knallt es, Peter ist orientierungslos, um ihn herum liegen Leichenteile, Arme, ein Korpus. Er schaut nach links, als genau in diesem Moment einem Kameraden das Gesicht zerschossen wird, rechts explodiert ein weiterer Kamerad auf einer Mine. Sekunden später beendet ein Bombenhagel das Leben aller, auch Peters. Früher hätte er gesagt „Game-Over", doch diesmal war es ein echter Krieg, wo man echt totgeschossen wird.

Smartphone am Steuer

Ich tippe, schaue hoch, fahre weiter. Neue Nachricht, ich blicke nach unten. Ein kurzes Lachen ob des Inhalts, blicke hoch, Gegenverkehr – tot.

Zeitlose Menschheit

Früher unterschied man im Rahmen der Völkerkunde die Entwicklung vom Primitiven zur Zivilisation, welch ein Hohn! Der Homo Sapiens, er mailt und faxt, nutzt allerlei digitale Medien. Sogar in den Weltraum kann er vordringen! Doch geht es gegen seinen Willen, brechen archaische Instinkte hervor. Doch diese Wut und Gewalt ist nur ein Teil des zeitlosen Menschen. Immer wieder erbaut er Städte, die er dann irgendwann durch gebaute Waffen zerstört, immerhin geht es nach Krieg und Zerstörung mit der Wirtschaft bergauf. Das Geld lässt Moral und Religion verschwinden, den Menschen interessiert nur das, was seine Realität betrifft. Unfassbarer technologischer Fortschritt, unglaubliche Reichtümer und dennoch schafft es der Mensch immer noch nicht, sich als eine große Familie zu verstehen und allen ein würdiges Leben zu ermöglichen. Das war schon immer so, denn der Mensch ist zeitlos.

Treue

Es gibt wohl keine vergleichbare Treue zu der eines Hundes, der jeden Tag auf die Heimkehr seines verstorbenen Menschen wartet.

Schönes Leben

Die Welt geht unter? Ich gehe lieber feiern, mit Wodka und Kippen. Klimakatastrophe? Wieso, ich mag es gern warm. Ich will außerdem billigen Kaffee und Tropenholz für meine Veranda, damit mich meine Freunde beneiden können. Der Regenwald?

Nicht mein Problem. Ich habe keine Angst, dass ich krank werde, denn es gibt bestimmt eine Medizin, die ich nehmen kann, ansonsten entwickelt jemand eine, bestimmt! Kernkraft? Super, ich liebe Filme mit Mutanten. Scheiß auf morgen, heute geht die Party! Gläserner Mensch? Mir doch egal, ich poste alles aus meinem Leben, gebt mir Anerkennung, liked meinen ganzen Schwachsinn, immer mehr! Gegen Falten gibt es Botox, gegen Fett eine OP. Bald kollabiert die hiesige Welt? Dann ziehen wir eben um, alle, oder eben nur ich. Übervölkerung, Ölteppiche vor Küsten? Die Medien lügen sowieso, kann sich keiner angucken. Ich zocke weiter am PC, was ein schönes Leben.

Menschlich

Das, was wir unter menschlich verstehen, ist etwas, was es nicht gibt, denn es passt nicht zum Menschen. Würden die Menschen menschlich handeln, wir lebten im Paradies.

Turmbau zu Babel

Der Turmbau zu Babel ist eine Geschichte des menschlichen Größenwahns, der Versuch, gottgleich zu sein, oder noch mehr. Dies alles ohne Not und Zwang, aus freien Stücken. Doch alles geschieht dem Trugschluss folgend, dass der Mensch seine Geschicke gut, ehrlich und rechtens selbst führen könnte. Wann wird der Mensch dies endlich erkennen? Der Turm wankt schon, er fällt ohnehin bald, da wäre es klüger, selbstständig zu stoppen, oder?

Nachgedacht

Das Bild, welches du von der Welt hast,
es ist die kreierte Realität, die du haben
sollst, bloße Fassade. Es ist gar nicht so
schlimm? Doch, noch schlimmer sogar.
Du solltest es nicht hinnehmen, auch,
wenn es bequem ist, nicht selber zu
denken. Das System und der Staat sind
und waren niemals unfehlbar, es geht
immer anders und besser. Deine
Gedanken sind eine unantastbare
Freiheit, nutze sie und lasse Taten
folgen, oder die Welt fällt in den
Abgrund. Dann ist Geld nutzlos. Wieso
bauen wir Waffen will nicht jeder den
Frieden? Sollten wir nicht alles tun,
damit jeder Mensch gut leben kann,
harmonisch? Jeder kann die Welt
verändern, fang an!

Die 4 Stufen des Menschseins

Ein Mensch lebt seinen Leben in maximal 4 Stufen, doch nicht jeder erreicht alle Stufen.

Stufe 1: Der Mensch ist.

Wie ein Stein, er ist da. Menschen existieren als Materie in Zeit und Raum. Dies kann auch eine Form des Vegetierens sein, ohne Perspektive, am Rande der Gesellschaft. Diese Menschen gibt es und oft könnte man ihnen helfen, doch viele andere Menschen nehmen sie nicht wahr.

Stufe 2: Der Mensch lebt.

Er lebt, isst trinkt, führt ein Leben. Häufig ist hier das Streben nach Luxus, konventionellen Lebensentwürfen und trivialem Denken ausschlaggebend. Die geistige Tiefe geht völlig ab, Menschen aus Stufe 1 werden beiläufig registriert

und bedauert, weil man das so macht.
Tätig werden sie nicht, sie leben und
sterben in dieser geistigen Einöde.

Stufe 3: Der Mensch fühlt.
Es kann im Leben zu Momenten
kommen, die den Menschen aufrütteln,
Krisen, Katastrophen. Plötzlich
entwickelt der Mensch ein Gespür dafür,
dass Vieles nicht gut läuft in der Welt.
Es tut ihm weh, er ändert sein Verhalten
in geringem Umfang und trägt damit
positiv zur Entwicklung der Welt bei.
Einzig fehlt ihm die Traute oder auch die
geistige Stärke, aktiv zu werden und für
die Welt einzustehen.

Tiere haben von Natur aus die Stufen 1
bis 3 automatisch inne. Denn sie sind,
sie leben und fühlen. Kein Tier würde
bewusst seinen Lebensraum zerstören,

kein Tier quält aus Sadismus seine Beute. Die Natur schenkte ihnen die Stufen 1-3, dem Menschen nicht.

Stufe 4: Der Mensch denkt.

Der denkende Mensch ist der aktive Part. Er sucht nach Lösungen für den Schlammassel hienieden und hat die gesamte Welt, inklusive Flora und Fauna im Blick. Er hat verstanden, dass die Stunde Null kommen muss, um die Zukunft zu sichern. Er versteht, dass nur radikale Änderungen dauerhaftes Glück und Sicherheit bedeuten. Doch ihm geht es wie dem Philosophen im Höhlengleichnis. Oft verlacht oder nicht ernst genommen, droht ihm teilweise sogar Gewalt, um seine Bemühungen zu stoppen. Diese Stufe schreckt ab, aber ohne sie, wäre bereits jetzt alles verloren.

Kairos und Chronos

Ich habe zwei Nachrichten für dich. Die
Zeit auf der Erde, sie ist oft grausam,
furchterregend und undankbar. Einen
Großteil der Zeit passieren schreckliche
Dinge. Aber: es gibt auch diese
Momente, die nie enden wollen, so
unglaublich intensiv sind, wunderschön,
das Herz erwärmen. Auch diese
Momente zeichnen unser Dasein aus.

Aufgegeben

Ich hatte einst einen Freund, unsicher,
familiär ohne Halt. Wenn er in der
Schule auffiel, riefen die Lehrkräfte
Zuhause an, doch es gab keine
klärenden Gespräche, sondern Gewalt.
Also geriet er auf die schiefe Bahn.
Falsche Freunde, Drogenhandel,
Gewalt, Drogenkonsum. Das, was von
seinem Leben übrig war, zerstörte er

dadurch. Er wurde verhaftet, Entzug, alles in ihm zerbrach. Als er wieder frei war, war er nur noch ein Schatten seiner selbst. Also stieg er auf die Eisenbahnbrücke, wartete und sprang. Niemand hatte an ihn geglaubt, deshalb gab ICH auf.

Es ist Zeit

Die Politik machen Theoretiker, Menschen aus einer abgeschotteten Oberschicht, die mit denen, die es betrifft, nichts mehr gemein haben. Doch was ist mit denen, die jung sind, etwas verändern wollen? Und mit denen, die aus fremden Kulturen kamen, kein Wahlrecht besitzen? Wer denkt an diese Menschen? Es ist Zeit, dass sich eine Menge verändert, denn die Politik hat leider zu wenig bewegt. Es ist Zeit, dass der Hebel umgelegt wird, um das zu retten, was noch zu retten ist. Es ist Zeit, dass die Jugend und die Ungehörten aufstehen und in der Politik Scheine gegen Nächstenliebe und Verantwortung austauschen.

Zum Nachdenken

1. So regen wir die Ruder,
   stemmen uns gegen den Strom -
   und treiben doch stetig zurück,
   dem Vergangenen zu.

Diese Passage beendet das Buch „Der große Gatsby". Ist es nicht so, dass wir zu oft Vergangenem nachtrauern, mit aller Macht, anstatt diese in die Zukunft zu investieren?

2. Sie reden, doch Sie reden über nichts.

Menschen reden oftmals über trivialen Schwachsinn, der für die und ihr Lebensglück völlig irrelevant ist, die Worte haben zwar einen Inhalt, das Gespräch aber keine Substanz.

3. Wer sich gegen die Regierung stellt, ist geistesgestört, ein Querdenker und Anti-Demokrat.

Jeder Mensch sollte ständig ein Anti-Demokrat sein, denn die Hinnahme eines Seins als perfekt ist viel gefährlicher als das ständige Ringen um Neuerungen, die gerechter, sozialer, verantwortbarer sind. Eine stetige Opposition ist zwingend notwendig, Konformismus ist das wahre Ende der Demokratie.

4. Noch sind wir in Europa, nicht einmal mehr Heiden und über allen Maßen unchristlich. Wir nehmen jedes Angebot an, wenn es günstig genug ist und uns Vorteile bringt.

Ist das nicht so?

5. In alten Zeiten hieß es leben und leben lassen. Das betraf auch Firmen und große Betriebe.

Heute steigt mit finanziellem Erfolg in der Wirtschaft die Gelichgültigkeit, Gott und Teufel interessiert sie nicht mehr. Moralische Gebote sind ihnen egal. Der Mensch macht sich dieses Unglück selbst, kein Gott, er selbst. Oder ist an der Rodung des Regenwaldes, dem besoffenen Autofahrer, der ein Kind überfährt, den Atomkatastrophen, Gott Schuld

Die andere Seite

Menschen, die ohne Geld in Afrika arbeiten, als Ärztinnen und Ärzte, als Tierärztinnen und Tierärzte, als Geistliche, die sich um andere Menschen kümmern, denen es nicht egal ist, was aus anderen Menschen wird.

Lehrkräfte, die länger bleiben, alternative Lehrmethoden erproben, sich für die Schülerschaft aufopfern.

Menschen, die wenig bis nichts haben, aber dennoch so viel mehr geben, als diejenigen, die oftmals in Saus und Braus leben.

Hoffnungsschimmer, die wir zum Brennen bringen müssen, denn die Welt ist nur dann verloren, wenn es diese Menschen nicht mehr gibt.

Gloria in excelsis Deo

Personen:

Bürger 1

Bürger 2

Bürger 3

Bürger 4

Wirt

Pfarrer

Gott

Erster Akt

Eine Insel in der Nordsee, Mittelalter. Zu sehen ist ein Marktplatz, geschäftiges Treiben. Menschen verschiedener Kulturen treffen sich, handeln, kaufen. Hoher Lärmpegel. Nebengeräusch, aber klar vernehmbar, die Kirchenglocken.

Szene 1

Bürger 1: Guck mal, der Mohr da vorne, goldbehangen.

Bürger 2: Der Syrer ebenso, traue diesen Menschen nicht.

Bürger 1: *beugt sich rüber* Bringen aber Geld. *lacht*

Bürger 1 tippt Bürger 2 an und zeigt auf jemanden

Schau da, der Pfarrer.

Bürger 2: Wollen uns einen Spaß mit ihm machen. Hey, Pfarrer, kommen Sie doch mal her zu uns.

Pfarrer: Guten Tag, die Herren. Ich habe Sie beide seit langem nicht mehr in der Heiligen Messe gesehen.

Bürger 1: Wissen Sie, Pfarrer, wenn Speis und Trank stimmen, kommen wir gerne wieder vorbei.

Bürger 2: Richtig, das bisschen Hostie macht niemanden satt.

Pfarrer: *streng* Passen Sie auf, meine Herren. Ein Besuch in der Messe stünde ihnen gut zu Gesicht. Früher war das doch auch kein Problem.

Bürger 1: Früher.

Bürger 2: Früher waren wir arm, nun brauchen wir Gott nicht mehr.

Pfarrer: *aufbrausend* Wehrt dem menschlichen Größenwahn! Wer an Gott glaubt, der hat die Nächstenliebe im Herzen.

Bürger 1: Lassen Sie es gut sein, Pfarrer.

Bürger 2: Richtig, sparen Sie sich die Mühe.

Bürger 3 und Bürger 4 kommen hinzu

Bürger 3: Hey, Männer. Kommt ihr mit ins Wirtshaus?

Bürger 4: Ja, lassen wir es uns gut gehen.

Bürger 1: Also, Pfarrer. Sie haben es gehört. Wollen Sie mit?

Pfarrer: Danke, ich verzichte.

Bürger 2: Nun gut, dann auf!

Sie gehen ab.

Pfarrer: (bei sich) Hoffentlich wird sich dieses gotteslästerliche Verhalten nicht irgendwann einmal rächen.

Szene 2

Im Inneren eines Wirtshauses. Völlerei überall, fettiges Essen wird animalisch verzerrt, eindeutig betrunkene Leute geraten in Konflikte oder kippen um, insgesamt alles sehr laut und wild. Am Tisch die 4 Bürger aus Szene 1, Bierkrüge stehen vor ihnen.

Bürger 1: Auf uns, unsere Insel, unseren Reichtum.

Bürger 2: Der Torf brachte uns den Wohlstand, ein Wink des Schicksals!

Bürger 3: Fast göttlich.

Bürger 4: Pah, Gott? Ein Notnagel für die armen Schlucker.

Bürger 1: *nickt* Recht so.

Bürger 2: Warst wohl zu viel mit dem Pfaffen zu Gange, wie?

Bürger 3: Nein, ihr seid völlig im Recht. Gott ist eine kindische Vorstellung, ein Hirngespinst.

Bürger 4: So sieht es aus, Prost!

sie schlagen die Krüge krachend aneinander

Bürger 1: Auf unser Wohl, noch in 1000 Jahren man sich unseres Reichtums erinnern, ihn ehren.

Bürger 2: Wird die Welt bei uns zu Gast sein.

Bürger 3: Nichts kann uns dies mehr nehmen.

Bürger 4: Auf unsere Insel, die Insel Rangwart! *sie schlagen erneut die Krüge aneinander*

Szene 3

Im Wirtshaus. Der Pfarrer kommt hinein, will etwas mit dem Wirt besprechen. Er ignoriert die Geschehnisse um ihn herum, viele bemerken ihn aufgrund ihres starken Alkoholpegels ohnehin nicht.

Pfarrer: *kommt herein und grüßt sporadisch links und rechts* Tag, Herr Wirt.

Wirt: Grüße Sie, Herr Pfarrer. Was kann ich für Sie tun?

Pfarrer: *seufzt* Wissen Sie, am liebsten tränk' ich all' ihre Vorräte leer.

Wirt: *lacht* Das käme Sie aber teuer zu stehen. Aber wissen Sie was, einen

Schnaps bekommen Sie gratis, sind ja ganz in Ordnung.

Pfarrer: Ich danke ihnen. Trinken Sie mit?

Wirt: Wegen meiner. *Schenkt sich ein, prostet dem Pfarrer zu. Beide stürzen das Getränk.*

Pfarrer: Das war gut, danke.

Wirt: Passen Sie auf, Pfarrer. Ich kann Sie ganz gut leiden. Bleiben Sie standhaft, irgendwann kehren die Insulaner in den Schoß ihrer Kirche zurück.

Pfarrer: Hoffen wir, dass es dann nicht zu spät ist.

Wirt: Wir werden sehen.

Szene 4

Am anderen Ende der Wirtschaft beobachten die 4 Bürger das Gespräch zwischen Pfarrer und Wirt. Bürger 3 wankt bereits massiv, im Lokal fällt ein anderer Gast betrunken vom Stuhl.

Bürger 1: *brüllt* Wirt, noch 4 Bier und 4 Schnäpse. *Der Wirt nickt und signalisiert, dass er es verstanden hat.*

Bürger 3: Aber zackig! *Stößt auf*

Bürger 2: Was hat der Pfaffe wohl mit dem Wirt zu schaffen?

Bürger 4: Wird wohl um belangloses Zeugs gehen wie sein Seelenheil.

Bürger 2: Möglich.

Bürger 3: *brüllt* Bier her, Bier her, oder ich fall um!

Bürger 1: Wir sollten den ehrwürdigen Pfarrer einmal so richtig aufs Korn nehmen, was meint ihr?

Bürger 2: Jawoll.

Bürger 3: *schwankend, leise, aber bestimmt* Ja.

Bürger 4: Selbstredend.

Bürger 1: Dann hört mir zu, Männer. *Sie stecken die Köpfe zusammen*

So passt denn auf. Ihr wisst doch, dass der alte Wirt ein Schwein hat, nicht wahr? *Alle nicken*

Nun, mit dem wollen wir unseren Schabernack treiben und den Pfaffen damit hinters Licht führen. Wir geben dem Borstenvieh einiges an Bier und legen es hernach in das hiesige Bett. Währenddessen holen du *blickt Bürger 3 an* und du *Blick auf Bürger 4* den Pfarrer und bittet ihn, dass er einem Sterbenden das Sakrament der letzten Ölung geben möge. Sollte er Einwände haben, so appelliert an seine geistliche Pflicht.

Bürger 2: *schelmisch und schenkelklopfend* Das wird ein Fest!

Bürger 3: *lacht*

Bürger 4: Da wird er blöde aus der
Wäsche schauen.

Bürger 1: Ideal wäre es, gäbe er dem
Schwein wirklich die Hostie. Aber
abwarten.

Bürger 2: Wann wollen wir den Spaß
veranstalten?

Bürger 4: *reibt sich die Hände* Kann es
kaum erwarten.

Bürger 1: Heute Nacht wollen wir es tun
und dem Pfarrer eine Erinnerung
bereiten, die ihm auf ewig bleiben wird.

Sie heben die Krüge

Alle: So sei es!

Szene 5

Der Pfarrer verlässt die Wirtschaft.

Einige Augenblicke später gehen Bürger
1,2,3,4 zum Wirt, 3 und 4 halten sich im
Hintergrund, Bürger 1 ergreift das Wort.

Bürger 1: He, Wirt!

Wirt: Was gibt es?

Bürger 2: Wir planen einen Schabernack
mit dem Pfarrer zu veranstalten und
benötigen deine Hilfe.

Wirt: *winkt ab* Will ich nichts mit zu
schaffen haben.

Bürger 1: Hört her, wir wollen auch gut
zahlen.

Bürger 2 zeigt ihm einen Sack voll
Geldstücke

Wirt: Was braucht ihr?

Bürger 2: Zugang zu deinem
Schweinestall und zum Gästezimmer.

Wirt: *schaut auf den Sack mit dem Geld und hält einen Moment lang inne* Einverstanden, aber lasst mich ansonsten aus euren Planungen raus.

Bürger 1: Fein, das wird ein Spaß.

Bürger 2: Kluge Entscheidung, Wirt.

Wirt: Jaja. *Wendet sich ab und nimmt den Geldsack*

Die 4 Bürger reiben sich die Hände und gehen feixend zum Hinterausgang der Gaststätte

Szene 6

Die 4 Bürger führen lachend ein Schwein in ein Hinterzimmer. Dieses ist karg ausgestattet, ein Bett, ein Nachttisch, Stuhl, Kommode. Das Schwein, sichtlich wankend, wird schlussendlich ins Bett gehievt, das Laken über es gelegt, dass lediglich der Kopf hinausschaut.

Bürger 1: *lachend* Ei, das ist das richtige Opfer für den Pfarrer.

Bürger 2: Hat auch alles gut geklappt.

Bürger 4: Bisher.

Bürger 3: *lallend* Ja, bisher.

Bürger 2: Was sollte denn noch schief gehen?

Bürger 4: Weiß nicht.

Bürger 3: *hat Schluckauf*

Bürger 1: Schwachsinn, jetzt gilt es durchzuhalten.

Blick auf Bürger 2 Wir 2 holen Hochwürden ab und *Blick auf Bürger 3 und Bürger 4* ihr beiden bleibt hier, klar?

Bürger 3: *Nickt, während er wankt*

Bürger 4: In Ordnung.

Bürger 2: *zu Bürger 1 gewandt* Machen wir uns auf?

Bürger 1: Sicher. *Beide ab*

Bürger 4: Hab eigentlich gar nichts gegen den Herrn Pfarrer, will aber auch keinen Streit mit den beiden, können ganz schön aufbrausend sein.

Bürger 3: Gibt es noch Bier?

Bürger 4: Naja, warten wir hier, ist jetzt ohnehin zu spät.

Szene 7

Bürger 3 und 4 stehen vor einem nicht unerheblichen Kirchenportal. Schön verziert, Ornamente. Sie klopfen an. Nach einigen Augenblicken öffnet der Pfarrer, sichtlich verwundert, das Portal.

Pfarrer: Was möchtet ihr, dass ich euch tue?

Bürger 1: Hören Sie, Herr Pfarrer, mit einem Freund von uns geht es zu Ende.

Bürger 2: Bitte geben Sie ihm das Sakrament der Totensalbung.

Pfarrer: *zögernd* Nun gut, wartet einen Moment. Ich hole eben alles Notwendige. *Geht hinein und schließt das Portal*

Bürger 1: So war es gedacht.

Bürger 2: Läuft wie geschmiert.

Der Pfarrer kehrt zurück, bei sich eine prunkvolle Schatulle

Pfarrer: *deutet auf die Schatulle* Hier sind die Hostien. Zunächst war ich ob eures Erscheinens verwundert, doch ich muss sagen, ich bin erfreut.

Bürger 1: Wie?

Bürger 2: Weswegen?

Pfarrer: In der letzten Zeit habt ihr euch von allen durch Abkehr von der Heiligen Kirche vor getan, doch nun, da ein Freund in Not ist, entdeckt ihr doch das

Motiv der Nächstenliebe endlich wieder, die Heilsnotwendigkeit der Kirche.

Bürger 1: Schön gesagt, Herr Pfarrer.

Bürger 2: So ist es.

Pfarrer: Nun auf, wir wollen der geplagten Seele Ruhe verschaffen. *Alle ab*

Szene 8

Die beiden Verbliebenen warten gelangweilt im Zimmer. Bürger 3, schwankend, nach vorne gebeugt. Bürger 4, den Kopf auf die Faust stützend. Sie horchen auf, als sie Schritte hören.

Bürger 1: He da, macht auf, wir haben den Herrn Pfarrer dabei.

Bürger 2: Aufmachen!

Bürger 3: *Geht zur Tür, sichtlich desorientiert, öffnet jedoch problemlos*

Bürger 4: Herein, hier im Bett liegt der Notleidende.

Pfarrer: Nun denn, gut, dass ihr gewacht habt. Ich werde meiner Fürsorgepflicht nachkommen. *Tritt zum Bett, blickt hinein, weicht nach kurzer Zeit entgeistert zurück*

Bürger 1: Herr Pfarrer, was ist los?

Bürger 2: Was haben Sie?

Bürger 4: Stimmt etwas nicht?

Bürger 3: *brüllt* Segnen Sie das Schwein!

Pfarrer: *zurückweichend* Das ist… die Höhe! Welcher Teufel hat euch zu solch boshafter Tat ermuntert?

Bürger 1: *lacht* Was haben Sie denn, das Schwein möchte ebenfalls gesegnet werden.

Bürger 2: Verstehen Sie denn keinen Spaß?

Pfarrer: Unter Vorgabe eines solchen Grundes einen solchen Spaß zu treiben ist boshaft und widerwärtig.

Bürger 3: Segnen Sie die Sau, sonst gibt es auf die Fresse!

Bürger 4: Ja, los da.

Es kommt zu einem Handgemenge, doch schlussendlich kann der Pfarrer sich befreien und läuft davon.

Szene 9

Vor der Kirche, der Pfarrer atmet schnell, stützt sich auf seine Knie. Hinter ihm hört er Schritte, er blickt sich um, sieht 2 Gestalten mit Hüten und langen Mänteln, schwer erkennbar.

Bürger 1: Herr Pfarrer, was ist los mit ihnen?

Bürger 2: Sie wirken konfus.

Pfarrer: Mir ist gar Schreckliches widerfahren. 2 Männer aus der Gemeinde kamen zu mir und wollten, dass ich einem Bekannten von ihnen die Absolution erteilen möge, denn es ginge mit ihm zu Ende. Also eilte ich zum Haus des Wirtes, wo derjenige liegen sollte. Dort, in einem Hinterzimmer, warteten 3 Personen auf mich, der Notleidende schien im Bett zu liegen. Als ich auf sie zuging, erkannte ich das Schauspiel. Man hatte ein Schwein ins Bett gelegt und befahl mir, dass ich es segnen möge, drohte mir gar Prügel an!

Bürger 1: Unfassbar!

Bürger 2: Manchen ist nichts mehr heilig.

Pfarrer: Leider.

Bürger 1: Sagen Sie, Pfarrer. Die Hostien für die Segnung, haben Sie die bei sich?

Pfarrer: Ja, hier in dieser Schatulle. *Klopft mit der Hand auf die Schatulle*

Bürger 2: Das ist gut. Sagen Sie, die Hostie gilt doch als der wahre Leib Christi, oder?

Pfarrer: Richtig, zu welchem Zweck fragen Sie?

Bürger 1: Nun, wir wollen dem Sohn Gottes etwas Gutes tun. *Holt unter seinem Mantel einen Krug Bier hervor*

Bürger 2: Her damit! *Entreißt dem Pfarrer die Schatulle* Wenn dies Christi Leib ist, dann säuft er jetzt mit uns. *Öffnet sie und kippt das Bier hinein*

Bürger 1: Viel Spaß damit. *Nimmt die Schatulle und drückt sie dem Pfarrer in die Hand*

Pfarrer: *Öffnet das Kirchenportal und geht in die Kirche, während man draußen das verklingende Gelächter hört.*

Szene 10

In der Kirche. Der Pfarrer ist bei der Reinigung der Schatulle, während er sich vor sich hinspricht.

Pfarrer: Dieses elende Gesindel, sie sind zu weit gegangen. Dieser Frevel darf nicht ungesühnt bleiben. Herr, hilf' mir dieses Unrecht zu tilgen!
Ein Strahl fällt durch ein Kirchenfenster
Gott: So soll es geschehen.
Der Pfarrer lässt erschrocken die Schatulle fallen, blickt sich verängstigt in der Kirche um

Zweiter Akt

Szene 1

In der Kirche. Der Pfarrer steht völlig überrumpelt in der Kirche, blickt auf den durch das Kirchenfenster fallenden Lichtstrahl. Er bewegt sich langsam auf das Fenster zu.

Pfarrer: Allmächtiger, seid ihr es wirklich?

Gott: Ja.

Pfarrer: Wie kommt es dazu?

Gott: Du batest mich um Hilfe.

Pfarrer: Ja, aber ich hätte ehrlich gestanden niemals mit einer Antwort gerechnet.

Gott: Wieso nicht?

Pfarrer: Naja, man sieht dich niemals hienieden.

Gott: So sag mir, welchen Zweck hätte eine Schöpfung, wenn ihr Schöpfer sie verließe.

Pfarrer: Keinen, denke ich. Dennoch machst du dich irdisch rar.

Gott: Weil ich den Menschen alles gab.

Pfarrer: Dennoch läuft es hier herzlich schlecht.

Gott: Ist dies mein Verschulden? Der Mensch hat alle Anlagen, die ihn intellektuell befähigen, eine gute und gerechte Realität zu schaffen. Die Landstreicher zu speisen und zu versorgen, Kranken Hilfe zukommen zu lassen, Arme zu unterstützen, allen Menschen auf der Welt einen lebenswerten Standard zu generieren, all dies ist doch im Bereich des Möglichen, verstünde sich der Mensch als ein Teil der einen Schöpfung, die ihn zu Brüdern und Schwestern macht, die sich umeinander sorgen.

Pfarrer: Wahre Worte. Aber wieso hast du die Welt nicht direkt in dieser Art und Weise erschaffen?

Gott: Die menschliche Freiheit ist sein höchstes Gut, dass, was ihn in seine exponierte Stellung gebracht hat. Nicht instinktiv determiniert zu sein, sondern aus diesem Kreis ausbrechen zu können. Da paradiesische Sündenfall ließ ihn wissen, was gut und böse ist, eine unglaubliche Bürde, die der Mensch sich selbst auferlegte, aber gleichermaßen ein Geschenk. Daher musste ich ihn aus Eden vertreiben, denn nun hat er selbst alle Möglichkeiten zu entscheiden, welchen Weg die Menschheit in toto einschlagen soll. Der Mensch ist nun seines Glückes Schmied, dennoch wache ich über ihn und bleibe bis an der Welten Ende an seiner Seite. Ich werde meine Schöpfung niemals aufgeben, auch wenn sie sich abwendet in Atheismus oder noch schlimmer, mich durch den Mammon ersetzt.

Pfarrer: So liebst du deine Schöpfung und aus Liebe gabst du den Menschen die Freiheit, selbst wenn diese beinhaltet, dass er, wie du es nennst, sündigt?

Gott: Sünde ist ein menschlicher Begriff, alles sind lediglich Worthülsen, eine Erfindung der Menschenkinder. Was ihr als Sünde benennt, könntet ihr auch Heil nennen, wäre es nicht dasselbe, hätte sich die Menschheit nicht vor Urzeiten auf diesen Begriff verständigt? Aber nun zu deiner Frage: ja, ich billigte nicht nur die menschliche Freiheit, ich wollte sie, wohl wissend, dass der Mensch, mein

Geschöpf, in sich den inneren Drang verspürt, qua seiner Schöpfung, sich auf die Stufe seines Schöpfers zu stellen.

Pfarrer: Das heißt, dass du nicht mehr in unsere Geschicke eingreifst?

Gott: Ich erschuf die Welt mit all ihren Wundern, ich schuf den Menschen. Ich stattete ihn mit geistigem Vermögen aus, welches ihm nahezu grenzenlose Freiheit ermöglicht. Bezüglich des Friedens, Medizin, Fürsorge für andere, Schwache und Kranke, hat der Mensch alles in seiner Hand. Wozu sollte ich eingreifen? Zudem schickte ich dereinst meinen eigenen Sohn und ein Stück weit auch mich selbst. Er wandte sich an die Außenseiter, den Dreck, Abschaum der Gesellschaft. Mit Wort und Tat wollte er das Heil in eure Welt bringen. Sein Begriff Metanoia ist dir bekannt?

Pfarrer: Ja, es ist die Umkehr.

Gott: Vielmehr! Es geht um ein radikales Ändern des Denkens, verbunden mit intellektueller Arbeit, weg vom jetzigen monetären und egozentrischen Denken, hinzu all das, was ich dir bereits als Ideal skizzierte.

Pfarrer: *nachdenklich* Ja, wird das denn jemals eintreten?

Gott: Der Mensch hat es in seiner Hand.

Pfarrer: Bitte, gestatte mir noch eine Frage.

Gott: Bitte.

Pfarrer: Als ich so in meiner Wut ob des begangenen Frevels vor Zorn sprach, dass ich mit deiner Hilfe das Unrecht gesühnt haben wollte, da sagtest du, dass es so geschehen solle.

Konterkariert dies nicht deine Liebe zu den Menschen?

Gott: Nein, denn die Menschen dieser Insel werden morgen elendig ersaufen, es gibt keine Rettung, so wird das Unrecht getilgt, durch den Tod der Leute.

Pfarrer: *erschrocken* Aber es sind doch gar nicht alle Menschen betroffen, ich bat nur um die Strafe für die Übeltäter!

Gott: Das ist mir bewusst, ich sagte dir auch lediglich, dass es so geschehen werde, da ich wusste, dass diese verheerende Flut kommen wird. In den Lauf der Gezeiten greife ich nicht ein, nicht mehr.

Pfarrer: Was können wir tun? Wie kann ich helfen. Wir müssen doch die Menschen retten!

Gott: Es ist zu spät, fliehe so bald es geht, unten liegt noch ein kleines Ruderboot, es wird dich in Sicherheit bringen.

Pfarrer: *niedergeschlagen* So gottlos viele von ihnen auch sein mögen, ein

solches Ende hat niemand verdient –
und ich fliehe wie ein Feigling.

Gott: Ein Bleiben wäre sinnlos,
wenngleich moralisch ehrenwert. Doch
niemand könnte dich wertschätzen. Du
bist ein guter Mensch, bringe dich in
Sicherheit und versuche, die Welt zu
einem besseren Ort zu machen.

Pfarrer: *bestimmt* So soll es geschehen.
Warum bist du gerade mir erschienen?

Gott: Ich lasse meine Menschen nie
allein, bis es Aus mit ihm sein wird. Nun
mach dich auf, rette dich und arbeite an
der Rettung der Menschheit.

Das Licht verschwindet, einen kurzen
Moment steht der Pfarrer in der Kirche,
geht in sich, ehe er sich umwendet und
die Kirche verlässt.

Szene 2

Auf dem Deich stehen die 4 Bürger, alle bis aufs Heftigste alkoholisiert, mit Bierkrügen in der Hand. Sie betrachten die bereits raue See.

Bürger 3: Wäre zu gern dabei gewesen.

Bürger 4: Unbezahlbar, muss ein dummes Gesicht gewesen sein.

Bürger 2: Das war es, soll ihm eine Lehre sein.

Bürger 1: Wer braucht sein Seelenheil? Unsere Stadt ist reich, wir sind all wohlhabend, soll er sich arme Schlucker suchen.

Bürger 3: Habens nötig.

Bürger 4: Schaut euch den Blanken Hans an.

Bürger 2: Wüte du nur, Blanker Hans, unsere Deiche hielten dir seit jeher Stand.

Bürger 1: Wir trutzen dir, Blanker Hans, Nordseeteich.

Sie alle heben drohend ihre Fäuste gen See, als eine Welle bereits über den Deich vor ihnen einschlägt. Erschrocken weichen sie zurück, sammeln sich dann aber zügig wieder.

Bürger 2: Sei ruhig wild und trotzig.

Bürger 1: Unsere Verteidigung brichst du nicht!

Bürger 3: Habe Durst.

Bürger 4: Lasst uns zurück in die Schenke, dort warten wir, bis das Spektakel abgekühlt ist.

Szene 3

Eine einsame Gestalt in einem Boot, sie rudert, hält dann kurz inne und blickt auf die in der Ferne erscheinenden Insel zurück.

Pfarrer: Man spürt es überall in den Gliedern, großes Unheil wird kommen. Rauh ist die See, wundersam hat sie mich sicher bis hierhin gebracht. Kaum zu glauben, die mächtige Insel Rangwart, Handelsstützpunkt von internationalem Format, doch all dein Reichtum wird dir nichts bringen. Du hast dich von Gott abgekehrt, dem Mammon nachgejagt und nun wird es mit dir zu Ende gehen. Niemand ahnt etwas, vielleicht werden einzige von ihnen die Geschehnisse belächeln, andere werden es lediglich nicht ernst nehmen, für ein normales Ereignis halten. Doch sie irren, niemand wird diese Nacht überstehen. Sie alle werden ertrinken, Gerechte und Ungerechte. Der Herr wird sie richten, jeden nach seinem Leben. In einer Stunde werde ich die nächste Kirchweihe erreiche, dann wird es mit den Insulanern vielleicht schon aus sein.

Dritter Akt

Szene 1

In der Wirtschaft. Immer noch geschäftiges Treiben, doch man merkt bereits eine bedrückende Stimmung, deutlich wahrnehmbar. Immer wieder schlägt Wasser an die Scheiben, Leute blicken zusammenzuckend zur Tür.

Bürger 1: Na, macht euch mal keine zu großen Gedanken. Das Wetter wird sich wohl bald beruhigen.

Bürger 4: Ich bin mir nicht sicher. Irgendetwas ist anders, als ob Gott uns zürne.

Bürger 2: Schwachsinn, Gott gibt es nicht, also kann er uns nicht zürnen.

Bürger 3: Genau.

Bürger 4: Man soll den Himmel nicht versuchen, vielleicht war der

Schabernack mit dem Pfarrer doch zu viel. *Donner* Hört ihr?

Bürger 1: Reiß dich zusammen. Sturmfluten sind doch nichts Ungewöhnliches.

Bürger 2: Haben bisher noch jedem Unrecht getrotzt.

Bürger 1: Unsere Deiche brechen nie. *Donner* und werden niemals brechen! *Schlägt mit der Faust auf den Tisch*

Bürger 3: Mir ist schlecht. *Knallt mit dem Kopf auf den Tisch und schläft ein*

Bürger 4: Hätten wir nicht mehr Vorkehrungen treffen müssen gegen solche Unwetter? Wir haben in den letzten Jahren in Saus und Braus gelebt, uns von Gott entfernt, unser Schicksal als zu sicher betrachtet. Nun werden wir die Quittung bekommen.

Bürger 1: Halt den Mund!

Bürger 2: Alles Unsinn.

Bürger 4: Nein, ich schweige nicht mehr.
Erinnert ihr die Zeit unserer Eltern? Sie
waren einfache Leute, gingen in die
Kirche, lebten ein karges, aber
zufriedenes Leben. Unser Größenwahn
hat uns alles gekostet.

Bürger 1: Ich zeige dir was –

Schrei: Deichbruch!

Es wird dunkel, man hört, wie

Wassermann die Schänke zerstören,

anschließend lediglich Geräusche von

Wasser.

Szene 2

Der Pfarrer steht auf einer entfernten Kirchweih und sieht die einbrechenden Wassermassen auf die Insel. Lichter und Qualm von Feuer verschwinden in kurzer Zeit.

Pfarrer: Das ist das Ende so vieler Seelen. Hätte es verhindert werden können? Ich weiß es nicht. Vermutlich waren sich die Menschen zu sicher, dass es immer so weitergehen würde, mit Wohlstand und luxuriösem Leben. Ein bedingungsloser Fokus auf monetären Erfolg hat den Blick auf das Ende getrübt. Gott, wie kann es mit all deiner Güte und Allmacht zu solchen Katastrophen kommen?

Zwischen den dunklen Wolken zeigt sich ein Lichtstrahl.

Gott: Du zweifelst an meiner Güte und Allmacht?

Pfarrer: Nein, doch ist mir nicht verständlich, wie du solche Dinge zulassen kannst, es waren doch auch Unschuldige unter ihnen.

Gott: Zunächst einmal ist jeder Mensch mit einer gewissen Schuld beladen. Neid, Missgunst, Hass, die Anlage dazu besitzt jeder Mensch, mit zunehmendem Lebensalter steigert sich der Umfang seiner Schuldhaftigkeit.

Pfarrer: Das rechtfertigt das Geschehene nicht.

Gott: Ich weiß, doch ihr Menschen neigt dazu, bei schlimmen Schicksalsschlägen mich anzuklagen. Derjenige, der betrunken stürzt und stirbt, oder schwer erkrankt, oder am Meer lebt und um die Gefahr der wilden See weiß, in wie weit bin ich aus deiner Sicht in der Verantwortung.

Pfarrer: Du könntest doch eingreifen.

Gott: Hast du noch nicht verstanden?

Ich gab dir und deiner Art die Freiheit,

zu entscheiden was gut und böse ist, zu

forschen bezüglich Heilkunde oder

sicherer Unterkünfte am Meer, um

solche Katastrophen abzumildern. Dies

alles kann der Mensch, diese Gabe hat

er, nur, er muss sie nutzen. Würde ich

stets eingreifen, so wäret ihr bloß

Spielfiguren, doch ihr Menschen seid

mehr, meine Ebenbilder, die das Wohl

der Welt in der Hand halten. Geht die

Probleme selbstständig an und verfallt

nicht feige in Anklagen gegen mich, bloß

um euer Versagen zu kaschieren.

Pfarrer: Das ist richtig.

Gott: Auch in Zukunft wird es

Ereignisse, die an Grausamkeit kaum

vorstellbar erscheinen. Der Mensch wird

die Natur knechten, die Tierwelt ebenso.

All dies wird der Mensch tun. Du und

deine Art, die Menschenkinder, ihr habt alle Möglichkeiten die Geschehnisse in die richtige Richtung zu lenken, auf das meine gesamte Schöpfung harmonisch und friedlich interagiert und existiert.

Pfarrer: Eine schwierige Aufgabe.

Gott: Wahrlich, ob ihr es schafft, ich kann es nicht sagen, doch ich hoffe es. Lebe wohl und tue, wie dir gesagt worden ist.

Pfarrer: Ich werde mein Möglichstes tun, hoffentlich reicht es. Seltsam, mir ist als hörte ich die Glocken der Insel.

Dunkelheit, ein kurzer Moment noch das Läuten der Glocken. Vorhang.

Nachwort

Die Idee zu dieser Geschichte basiert in weiten Teilen auf dem Gedicht „Trutz, blanke Hans" von Detlev von Liliencron. Die Mythen, die sich um das tatsächlich im Mittelalter untergegangene Rungholt ranken, boten eine exponierte Stellung, um dieses Theaterstück zu inszenieren. Mythisch soll Rungholt im Zuge von monetärem Wohlstand sich von Gott abgewendet und der Natur gespottet haben, mit der Folge, dass die Insel ausgelöscht wurde. Die Vorstellung, dass Menschen aus Habgier sich als Herr über Natur verstehen und sich von Gott und Moral lösen, sehe ich als zeitlos an. Deshalb sind in diesem Stück vor allem auch Fragen der Theodizee fokussiert, denn die Frage der Theodizee rückt den Blickpunkt genau von den Menschen ab, die sich natürlich gottlos und amoralisch sowie habgierig zeigen, aber den Ball einem Gott zuspielt, der doch immer wieder solche Schicksale zulässt. Wo ist dessen Güte? Diese Frage ist so alt wie die Theologie selbst und hat im Zuge dieses Stückes eine weitere, mehr oder minder konsistente, Antwort erfahren. Ob diese Antwort Substanz beweist, oder lediglich Augenwischerei darstellt, soll jeder Lesende für sich klären.